AF453136

[illegible] en [illegible] [illegible] [illegible] [illegible] prince electeur de Saxe d[illegible]
[illegible] les [illegible] [illegible] de ces caricatures. Et ce peintre [illegible]
[illegible] [illegible] [illegible] dans [illegible] eglises. [illegible]
[illegible] et fils et petit fils de [illegible]
peintres connus. on voit beaucoup de ses ouvrages a rome dans plusieurs eglises et il a peint la gallerie
[illegible] [illegible]
du chateau de castel gandolfe du pape près de rome [illegible]. il ne paroit six charges que pour samu[illegible]

je crois que l'inventeur de ce genre (les caricatures) est le fameux et savant Leonard de vinci
[illegible] son nom est le 1er [illegible] paye un de ces sortes de figures. j'en ay un livre entier

le ch[illegible] [illegible] netoit pas encor mort en 1752.

Raccolta di XXIV. Caricature
Disegnate colla penna dell' Celebre
Cavalliere Piet. Leon. Ghezzi.
Conservati nell Gabinetto di
Sua Maestà il Rè di
Polonia Elett. di
Sassonia.
Matth. Oesterreich
sculp.sit
Dresdæ
Nell Anno
MDCCL.

Si Vende à Dresda da George Conrado Walther, Libraro di Corte.

Il Custode Generale d'Arcadia.

Nell Gabinetto di S. M. il Re di Pol. Elet. di Sassonia.

Chierico di Capella.

Nell Gabinetto di S. M. il Re di Pol. Elet. di Sassonia.

Decano.

Nell Gabinetto di S. M. il Re di Pol. E Elet. di Sassonia

Uditore

Nell Gabinetto di S. M. il Re di Pol. Elet. di Sassonia

Eques. Pietro Leone Ghezzi delin   Matthaus Oesterreich sculps. Dresde

Presidente della Grascia
Nell Gabinetto di S.M. il Re di Pol. Elet. di Sassonia

Nell Gabinetto di S. M. il Re di Pol.
Elet. di Sassonia

Cavallier P. L. Ghezzi delin

Matthæus Oesterreich sculps. Dresd.

Nell Gabinetto di S. M. il Re di Pol.
Elet. di Sassonia

Cavallier P: L: Ghezzi delin.

Mattheus Oesterreich sculps Dresdæ

Nell Gabinetto di S. M. il Re di Pol.
Elet. di Sassonia.

Annoso ne crede seni nam sola vetustas
Ludere credentes edocuit Juvenes

Petrus. Leo. Eques. Ghezzi faciebat Romæ. ..1722. 13. 7bris
Matthæus Oesterreich Sculpsit. Dresde
Nell Gabinetto di S. M. il Re di Pol. Elet. di Sassonia

Custode del Registro delle Bolle Pontificie
Nell Gabinetto di S. M. il Re di Pol. Elett. di Sassonia.

Curiale.
Nell Gabinetto di S. M. il Re di Pol. Elet. di Sassonia

Il Sig. Dottore, che Tasta il Polso
Nell Gabinetto di S.M. il Re di Pol: Elet. di Sassonia

Cavallier P.L. Ghezzi delin   Matthæus Oesterreich sculps Dresda

Il Sigᵉ Abbate in atto di legger Lettere.
Nell Gabinetto di S.M. il Re di Pol. Elet. di Sassonia.

Cavellier P.L. Ghezzi delin   Matthæus Oesterreich sculps Dresde

Il Sig: Abbate Napoletano
che Scrive in Germania
Nell Gabinetto di S. M. il Re di Pol. Elet. di Sassonia

Cavallier P.L. Ghezzi delin.   Matth: Oesterreich sculps. Dresde

Il Sig.ᵉ Abbate Segretario
Nell Gabinetto di S.M. il Re di Pol. El.t di Sassonia.

Il Sig: Baron Ungaro, e
Vomo di Lettere dimorante
attualmente in Roma
Nell Gab: di S. M. il Re di Pol. Elet
di Sasfonia

Eq: P. L: Ghezzi
Delineav:
M: Oesterreich
Sculps Dresda

XVI.

Scups 1750.

Petrus Leo Eques Ghezzi fecit Romæ 13 7bris 1722. Mattha: Oesterreich sculps Dresde 1760.

Nell Gabinetto di S. M. il Re di Pol.
Elet: di Sassonia

Sig.r Avocato, di faccia, é Canonico Re in
Schiena.
Nell Gabinetto di S.M. il Re di Pol: Elet. di Sassonia.

Eq: P: L: Ghezzi: Delin: Oesterreich sculp:
Nell Gabinetto di S: M: il Re di Pol: Elett: di Sassonia: M: sculpsit 1750:
XIX:

P. L. Ghezzi delin.
Oesterreich sculps: Dresda
XX.
Nell Gabinetto di S. M. Re di Pol: Elett: di Sassonia
sculps. 1750.

Ghezzi Delineavit.
Oesterreich sculp.
Nell Gabinetto di S. M. il Re di Pol. Elett. di Sassonia.
XXI.
M. sculp. 1750 a Dresn.

Eques. P. L. Ghezzi delin.   Matthæus Oesterreich sculps.

Cercante Cappuccino

Nell Gabinetto di S. M. il Re di Pol. Elet. Sassonia.

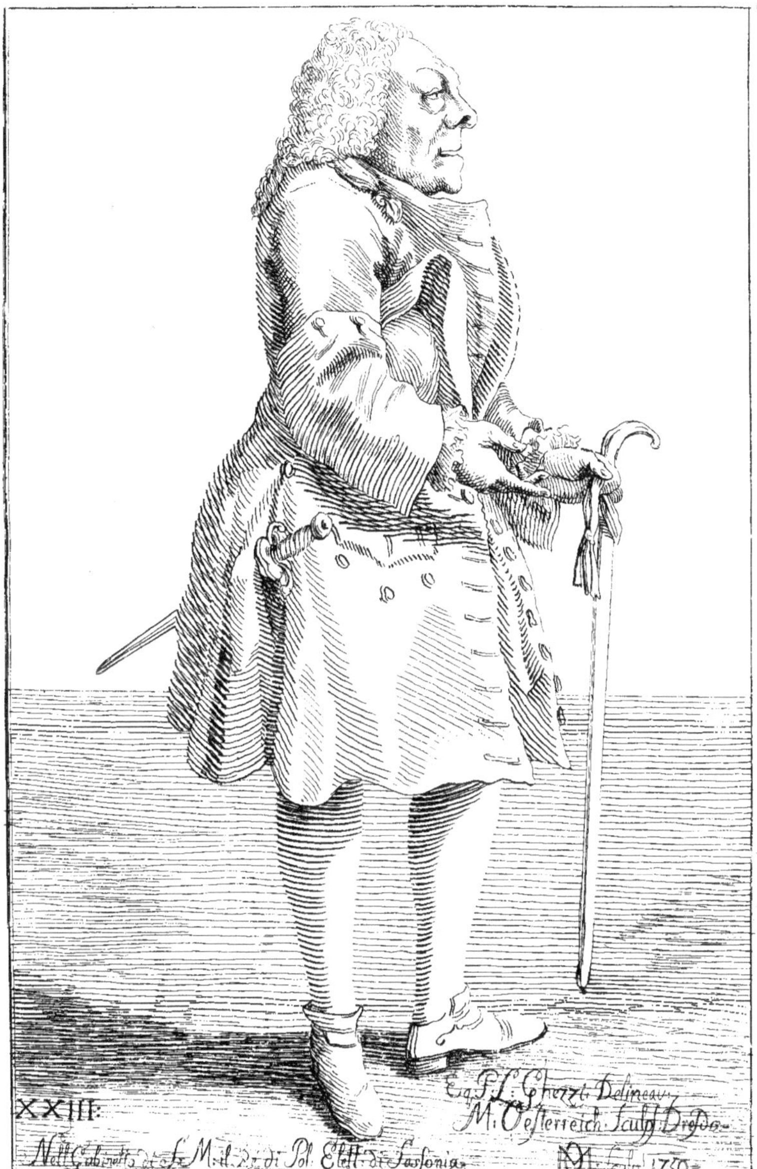

XXIII:
Eq. P. L. Ghezzi Delineav:
M. Oesterreich Sculp. Drsda.
Nell Gabinetto di S. M. il Re di Pol. Elett. di Sassonia.
M. 1750

XXIV.

Eques P. L. Ghezzi delin.

M. Sebast. Dresda 1730 di 7 8bre

Matthæus Oesterreich sculps.

Petruccella Servitore.

Nell Gabinetto di S. M. il Re di Pol. Elet. di Sassonia.

Lettres
sur
Les Tableaux
du
Sallon
par

MAESTRO DI CAPPELLA DI S. PIETRO IN VATICANO,

Venne un giorno ad Apollo in fantasia
  Di premiare un Maestro di cappella,
  E quindi dato l'ordine à l'Italia
  Si fece innanzi comparir Jomella;

Poi per un tubo, tutta l'armonia
  Di Pindo, gli cacciò ne le budella,
  E si l'empiè d'armonioso fiato,
  Che l'fè restare in ogni parte enfiato.

Il Disegno Originale si conserva nel Gabinetto di Sua Maestà
IL RÈ DI POLONIA ELETTORE DI SASSONIA (*)

Cavaliere Pietro Leone Ghezzi disegnò.

Matteo Osterreich incise Roma 1751.

OSTERREICH

Mancato avea la provida Natura
D'alcuni ritoccar l'aspetto umano
Perche sapeva, che la sua fattura
Saria finita da una esperta mano.
Ond'io, che vidi lo tuo gran Disegno
M'accinsi d'intagliarlo al grave impegno.

GHEZZI

Che a me sia grata questa tua fatica
Quanto esser puote cosa vaga, e bella,
Puo darti un segno colla mano amica.
Per far palese tua virtù novella.
Acciò che in un baleno ognun rintracce
La vera image de le nostre facce.

Il Disegno Originale si conserva nel Gabinetto di Sua Maestà

IL RE DI POLONIA ELETTORE DI SASSONIA.

www.ingramcontent.com/pod-product-compliance
Lightning Source LLC
LaVergne TN
LVHW021816170726
843503LV00007B/3212